Angelika Speck-Hamdan

Grundschulpädagogisches Wissen –
Impulse für die Elementarpädagogik?

Eine Expertise der Weiterbildungsinitiative Frühpädagogische Fachkräfte (WiFF)

Vorwort

Ein gelingender Übergang zwischen Kindertageseinrichtung und Grundschule liegt in der Verantwortung aller Beteiligten. Neben den Eltern müssen beide Institutionen die Rahmenbedingungen schaffen, die Kindern den erfolgreichen Wechsel in den Primarbereich ermöglichen. Eine Voraussetzung für einen gelingenden Übergang ist es, die kindlichen Bildungs- und Lernprozesse zwischen Kindertageseinrichtung und Grundschule anschlussfähig zu gestalten. Dafür müssen nicht nur beide Institutionen eng zusammenarbeiten. Auch die Grundschul- und Elementarpädagogik sind gefordert, sich auf fachlicher und theoretischer Ebene anzunähern, z.B. bei der Definition von Begriffen, Bildungsleitlinien oder Verfahren.

Die Expertise hat das Ziel, diese Annäherung zu fördern und einen Impuls für die Entwicklung einer eigenen Didaktik im Elementarbereich zu geben. Dabei geht es nicht darum, dass die Elementarpädagogik Überlegungen und Methoden der Grundschulpädagogik übernimmt. Vielmehr soll das Wissen über die andere Disziplin erweitert und so ein Austausch über Berührungspunkte möglich werden.

Die vorliegende Expertise hat Angelika Speck-Hamdan für die Weiterbildungsinitiative Frühpädagogische Fachkräfte (WiFF) erstellt. Mit Expertisen werden Wissen und Erkenntnisse über zentrale Anliegen der Weiterbildung frühpädagogischer Fachkräfte zusammengetragen und aufbereitet. Die Verantwortung für die fachliche Aufbereitung der Inhalte liegt bei den jeweiligen Autorinnen und Autoren. Die Ergebnisse fließen in die weitere Projektgestaltung ein und werden der Fachöffentlichkeit präsentiert, um die aktuelle fachliche, fachpolitische und wissenschaftliche Diskussion anzuregen.

München, im Januar 2012

Angelika Diller
Projektleitung WiFF

Bernhard Kalicki
Wissenschaftliche Leitung WiFF

Inhalt

1 Einleitung

Elementarbereich und Primarbereich, Kindergarten und Grundschule folgen im Lebenslauf eines Kindes direkt aufeinander. Bemühungen, die beiden Bildungsbereiche stärker aufeinander zu beziehen, sind immer wieder angemahnt und auch unternommen worden – zuletzt 2009 durch den Beschluss der *Jugend- und Familienministerkonferenz* (JFMK) und der *Kultusministerkonferenz* (KMK) (JFKM/KMK 2009). Als Begründung wird dabei vor allem die Anschlussfähigkeit des Lernens angeführt: Begonnene Entwicklungs- und Lernprozesse sollen weitergeführt und ausgebaut werden, Bildungsprozesse sollen kontinuierlich verlaufen.

Dieser Forderung nach Annäherung nachkommend, wird in dieser Expertise zunächst der Versuch unternommen, gemeinsame Referenzen und gemeinsame Handlungsfelder zwischen Elementar- und Grundschulpädagogik zu identifizieren *(Kapitel 2)*.

Eine Aufzeichnung von Entwicklungslinien der Grundschulpädagogik zeigt *Kapitel 3,* eine Auffächerung ihres Themenspektrums sowie einige ihrer Diskussionslinien *Kapitel 4*.

Im *Kapitel 5* wird abschließend die Frage erörtert, die sich aufgrund der aufgezeigten Überlegungen ergibt, ob der Blick in die Grundschulpädagogik möglicherweise Impulse für die Elementarpädagogik liefern kann.

Angesichts der Betonung der Bildungsaufgabe ist die Pädagogik der Frühen Kindheit sich des Versäumnisses bewusst geworden, bisher keine eigene wissenschaftlich fundierte Didaktik entwickelt zu haben. Zu sehr sei Didaktik im landläufigen Sinn mit schulischem Lehren und Lernen assoziiert worden (Kasüschke 2010, S. 7). Möglicherweise eröffnet der Blick in die Nachbardisziplin der Grundschulpädagogik, in der pädagogische und didaktische Fragen miteinander verbunden werden, dazu eine inspirierende Perspektive.

Die Expertise versteht sich als ein Beitrag zur Diskussion um die *Annäherung von Elementarpädagogik und Grundschulpädagogik.* Sie verfolgt weder das Ziel einer vollständigen Aufarbeitung der grundschulpädagogischen Positionen noch das einer abschließenden Bewertung der Möglichkeiten einer gegenseitigen Anregung.

2 Berührungen und Trennlinien zwischen Elementar- und Primarbereich

Elementar- und Primarbereich haben sich aus verschiedenen Wurzeln entwickelt. Die historischen Vorläufer im *Elementarbereich* waren als „nebenfamiliale Einrichtungen mit familienunterstützenden und ergänzenden Aufgaben" (Reyer 2006, S. 268) konzipiert und unterschiedlich benannt, wie „Kleinkinderbewahranstalt", „Kleinkinderbeschäftigungsanstalt", „Warteschule" oder auch „Spielschule". Erst in der Weimarer Zeit setzte sich die Bezeichnung „Kindergarten" durch.

Schon im 19. Jahrhundert gab es mehrfach Vorstöße, diese in privater oder kirchlicher Trägerschaft sich befindenden Einrichtungen stärker an den Schulbereich anzugliedern. Doch alle diese Versuche liefen administrativ ins Leere, was nach Ansicht von Jürgen Reyer (2006) den übergroßen Belastungen zuzuschreiben ist, mit denen der gleichzeitig zu bewältigende Ausbau des flächendeckenden Volksschulwesens behaftet war. Stattdessen wurde auf eine klare Abgrenzung und eine strikte Trennung der beiden Bereiche Wert gelegt. Gleichwohl aber wurde konzeptionell der *Betreuungsauftrag* auch mit einem *pädagogischen Auftrag* verknüpft, am deutlichsten gegen Ende des 19. Jahrhunderts in den „Volkskindergärten", die im Rahmen der Fröbelbewegung entstanden waren. Friedrich Fröbel selbst hatte den eigenen Bildungsauftrag des Kindergartens hervorgehoben.

Die Einrichtung der *Schulen* ist aufs Engste mit der *Vermittlung der Kulturtechniken* des Lesens, Schreibens und Rechnens verbunden, die der *Volksschulen* mit der Idee einer *Allgemeinbildung* für alle Schichten. Mit der Einführung der Schulpflicht (in Preußen 1717, in Bayern 1802) übernahm der Staat die Verantwortung für das Schulwesen, die er in Form von Curricula, Zeugnisvorgaben und einer staatlichen Ausbildung des Lehrpersonals bis heute ausübt. Die Eingangsstufe des Bildungswesens war bis 1919 teils der Volksschule und teils den höheren Lehranstalten als sogenannte „Vorschule" zugeordnet. Erst in der Weimarer Republik wird die Grundschule als „Schule für alle Kinder des Volkes" konzipiert. Sie hat den Doppelauftrag der grundlegenden Bildung für alle und der Vorbereitung für die unterschiedlichen weiterführenden Schulen – ein Auftrag, der zu dem oft konflikthaften Verhältnis von Förderung und Auslese führt.

Der *Primarbereich* ist bis heute davon gekennzeichnet: Der Besuch der Grundschule ist Pflicht, die Grundschule bereitet den Weg für die weitere Bildungslaufbahn und bedient sich dabei eines Beurteilungssystems. All das ist für den Elementarbereich nicht konstitutiv.

Gleichwohl aber gibt es einige Berührungspunkte zwischen den beiden Bildungsbereichen, die insbesondere damit zu tun haben, dass sie bildungsbiografisch aufeinander folgen – wobei es auch einige Versuche gab, eine Brücke zwischen beiden Bereichen zu schaffen.

Historisch interessant ist das Konzept einer „Vermittlungsschule", das Friedrich Fröbel entwickelte: „Der Name sagt klar, dass sie die Verknüpfung, den Übergang vom Kindergarten zu der eigentlichen Lernschule macht, und dass sie so das Wesen beider in sich fasst und vereint" (Fröbel 1965, zit. nach Hacker 1992, S. 14). Ihm geht es dabei um einen Übergang von der Anschauung zur Abstraktion, der seiner Auffassung nach kontinuierlich erfolgen sollte.

Etwa 120 Jahre später wird im *Strukturplan für das Bildungswesen* 1970 der Elementarbereich explizit dem Bildungswesen zugeordnet: „Der Elementarbereich wird als Teil des künftigen Bildungssystems verstanden" (Deutscher Bildungsrat 1970, S. 120), und nach Vorstellung seiner Verfasser sollte er drei- und vierjährige Kinder aufnehmen, während für die Fünfjährigen eine Eingangsstufe im Primarbereich vorgesehen war, die gewissermaßen als Gelenk zwischen den beiden Bereichen gedacht war. Diese Eingangsstufe konnte sich zwar nicht durchsetzen, doch blieb das Bewusstsein für die Notwendigkeit einer besseren Abstimmung zwischen den beiden Bildungsbereichen wach.

Im Jahr 2009 sprachen die *Jugend- und Familienminister* gemeinsam mit den *Kultusministern* in einer gemeinsamen Erklärung den Kindertageseinrichtungen und Grundschulen eine große Verantwortung als *Orte der Bildungsförderung* zu und vertraten die Auffassung, dass es sich bei einem positiv gestalteten Übergang zwischen den beiden Bereichen um einen „zentralen Beitrag für ein gelingendes Aufwachsen" handele (JFMK/KMK 2009).

Der Übergang von der Kindertageseinrichtung in die Grundschule wird somit als der wichtigste Berührungspunkt angesehen und lässt sich im Besonderen an folgenden Merkmalen festmachen.

Berührungspunkt 1:
Der gemeinsam zu bewältigende Übergang
Der Übergang vom Kindergarten zur Grundschule ist keine Aufgabe, die allein das Kind zu leisten hat. Neben seinen Eltern sind es vor allem die am Übergang beteiligten Bildungsinstitutionen, denen die Aufgabe zufällt, den Übergang so zu gestalten, dass er für das Kind zu bewältigen ist, d.h. es ihm zu ermöglichen, die Chancen der neuen Entwicklungs- und Lernimpulse zu nutzen, ohne schädliche Brüche zu erleiden.

Vonseiten der Kindertageseinrichtung geht es vor allem darum, Kinder zu stärken und ihre Basiskompetenzen zu entwickeln. Aufseiten der Grundschule wiederum steht das Anknüpfen an bereits Vorhandenes sowie das Anbieten neuer Impulse im Vordergrund (Speck-Hamdan 2006, 2004). All das verlangt Abstimmung zwischen beiden Bereichen, und zwar auf der bildungspolitischen Ebene sowie auf der konkreten Handlungsebene vor Ort. Einen gemeinsamen Bezugsrahmen könnte dazu der *Transitionsansatz* bieten, der aufbauend auf dem ökosystemischen Entwicklungsmodell die Übergänge (Transitionen) als komplexe Wandlungsprozesse beschreibt, die für die betroffenen Personen besonders lernintensiv sind, da Veränderungen auf mehreren Ebenen zu bewältigen sind: auf der individuellen Ebene, auf der Beziehungsebene sowie auf der Ebene der Lebensumwelten (Griebel 2006). Übergänge sind in diesem Verständnis Entwicklungsaufgaben.

Übergänge (Transitionen) zu meistern, ist eine Aufgabe der gesamten beteiligten Systeme. Handlungsbedarf entsteht dabei hinsichtlich verstärkter Kommunikation und Kooperation zwischen den Bereichen, wobei gegenseitige Erwartungen offengelegt und Verständigungen vor allem über solche Anforderungen gesucht werden, die möglicherweise zu Belastungen werden könnten.

Berührungspunkt 2:
Der Bezug auf die Kontinuität der individuellen Entwicklungen und Lernprozesse
Entwicklungs- und Lernprozesse im kindlichen Lebenslauf sind nicht an Institutionen, aber an anregende Kontexte gebunden. Sie verlaufen weder interindi-

viduell parallel bei Kindern des gleichen Alters noch intraindividuell parallel hinsichtlich der unterschiedlichen Bereiche. Was sich das eine Kind schon im Vorschulalter und im Kindergarten aneignet, erlangt für das andere Kind erst in der Schule Bedeutung, sodass es sich erst jetzt näher damit auseinandersetzen möchte. Pädagogische Fachkräfte und Lehrpersonen sind Lernbegleiter derselben Kinder in ihren individuellen Entwicklungen und Lernprozessen, die durch den Wechsel der Institution nicht abgebrochen, sondern weitergeführt werden sollen.

In didaktischer Hinsicht kommt es hier auf die Identifizierung der Anschlussstellen und damit auf die Ermöglichung von kontinuierlichen Lernprozessen an. Bildungs- und Lehrpläne können diese Kontinuität in der Form abbilden, dass sie erstens die Bildungs- und Lernbereiche aufeinander beziehen, d.h. eine kontinuierliche Beschreibung ermöglichen, zweitens so flexibel handhabbar gestaltet sind, dass sie sich auf die individuellen Lernmöglichkeiten und Lernbedürfnisse der Kinder anwenden lassen. Den gemeinsamen Bezugsrahmen geben dabei die Erkenntnisse über das Lernen von Kindern sowie über domänenspezifische Entwicklungen ab.

Frühpädagogische Fachkräfte müssen sich ebenso wie Lehrpersonen der Grundschule mit Entwicklungsthemen auseinandersetzen, wie mit der Sprach- und Schriftsprachentwicklung oder mit der Entwicklung mathematischen Grundverständnisses. Auf das einzelne Kind bezogen erwächst aus der Berücksichtigung der Kontinuität die Aufgabe der differenzierten Beobachtung, die aufeinander abgestimmt erfolgen sollte.

Berührungspunkt 3:
Der Aufbau eines Bildungsfundaments
Sowohl die Kindertageseinrichtung als auch die Grundschule reklamieren für sich einen eigenen Bildungsauftrag. Er umfasst jeweils einen grundlegenden Aspekt in dem Sinn, dass beide Institutionen von der Sicherung eines Fundaments ausgehen, auf dem die weiteren Bildungsprozesse aufbauen können. Das bedeutet nicht, dass sie sich sozusagen als Zulieferer für die nächste Etappe im Bildungssystem verstehen und sich von ihr diktieren lassen, was nun als Grundlage zu betrachten sei – im Gegenteil: Sie vertreten den Anspruch, selbst zu definieren, was eine tragfähige Grundlage ist und wie Bildung für eben jenes Lebensalter zu gestalten ist.

In Anlehnung an Henning Kößler (1997), nach dem Bildung an psychische Dispositionen gebunden ist, hat Wolfgang Einsiedler (2000, S. 37f.) einen grundschulpädagogischen Bildungsbegriff formuliert, der die Verbindung von Persönlichkeitsentwicklung und Lernentwicklung betont. Für Henning Kößler ist Bildung insbesondere gekennzeichnet durch
- Integration und Synthese von Wissen,
- Verstehen von Bedeutungen,
- Involviertsein,
- emotional-motivationale Aufgeschlossenheit,
- Bedeutsam-Werden des Wissens für die eigene Wertorientierung.

Daraus leitet Wolfgang Einsiedler für die Grundschule drei *Bereiche grundlegender Bildung* ab:
- den Erwerb von Wissen und Verstehen,
- die Entwicklung von Interessen,
- die Anbahnung von Wertorientierungen.

Kennzeichen des grundschulpädagogischen Bildungsauftrags seien „in vieler Hinsicht Anfang und Grundlegung" (ebd., S. 48). Dieses Bildungsverständnis ist so weit gefasst, dass es auch Anknüpfungspunkte für die *frühe Bildung* bietet. Allerdings wird das Bildungsverständnis im Elementarbereich stärker als im Grundschulbereich an das *Bild vom Kind* geknüpft. Über verschiedene Auffassungen hinweg hat sich ein Bild vom Kind als das eines eigenständigen, die Welt erforschenden und dabei alle ihm zur Verfügung stehenden Mittel verwendenden Wesens durchgesetzt. Ihm dies zu ermöglichen, ist Richtschnur des pädagogischen Handelns. Dabei kann gleichfalls von den genannten psychischen Dispositionen ausgegangen werden: Dem Kind geht es darum, die Welt zu verstehen, sie zu erfassen und sich zu ihr in Beziehung zu setzen – emotional und orientierend.

Der gemeinsame Bezugspunkt für die Bildung im Elementar- und Primarbereich ist ihr grundlegender Charakter. Sie ist basal, indem sie an den basalen Dispositionen des lernenden Kindes ansetzt und indem sie die Basis für alle weiteren darauf aufbauenden Bildungsprozesse legt. Die Bildungsangebote in Kindertageseinrichtung und Grundschule müssen daher zum Einen alle Domänen und Lernbereiche umfassen, zum Anderen aber auch das Lernen selbst (Lernstrategien, Arbeitshaltung, Konzentration) und die Einstellung dazu.

Berührungspunkt 4:
Der Blick auf die ganze Persönlichkeit der Kinder
Eng verknüpft mit dem eben skizzierten Bildungsverständnis ist die Konsequenz, bei der Initiierung und Weiterführung von Lernprozessen den Blick nicht nur auf einzelne Kompetenzen zu legen, sondern die gesamte Persönlichkeit des Kindes im Auge zu behalten. Sowohl die Kindertageseinrichtung als auch die Grundschule legen Wert auf ein ganzheitliches Verständnis vom Kind.

Auch wenn der Begriff der Ganzheitlichkeit oft Anlass zu Missdeutungen und Überdehnungen gibt, so trifft er hier doch das Gemeinte: Kinder versuchen die Welt um sie herum mit allen „körperlichen und geistigen Instrumenten, die der menschlichen Natur und Kultur zur Verfügung stehen" zu erforschen (Schäfer 2006, S. 43), vorausgesetzt sie können dabei selbsttätig vorgehen und werden nicht in nur eine vorgegebene Spur des Lernens und Verstehens gesetzt.

Die Pädagoginnen und Pädagogen beider Institutionen gehen von der Vorstellung aus, dass Kinder zum Verstehen der Welt nicht nur ihre kognitiven Fähigkeiten brauchen und machen ihnen daher nicht nur Lernangebote für diesen oder jenen Lernbereich, sondern sie versuchen die Kinder in all ihren Bedürfnissen und Fähigkeiten ernst zu nehmen. Dieser Bezug auf die Ganzheitlichkeit schließt eine erzieherische Grundhaltung ein, die der Entwicklung der gesamten Persönlichkeit der Kinder verpflichtet ist. In diesem Sinn sind *Lernsituationen* immer auch als *Erziehungssituationen* zu verstehen.

Berührungspunkt 5:
Die Gruppe der gemeinsam lernenden (und spielenden) Kinder
Prinzipiell nehmen sowohl die Kindertageseinrichtungen als auch die Grundschulen alle Kinder ohne vorherige Selektion auf. Es gibt keine Aufnahmeprüfungen oder sonstigen Bedingungen, die ein Kind ausschließen könnten. Allein das Lebensalter dient als Anhaltspunkt. Das hat zur Folge, dass sowohl in den Kindertageseinrichtungen als auch in den Grundschulen alle Kinder zu finden sind: Kinder aller Schichten, aller Nationalitäten, beiderlei Geschlechts, mit unterschiedlichen Bildungsvoraussetzungen.

Im Zuge der Inklusionsanstrengungen wird auch für Kinder mit speziellen Bedürfnissen mehr und mehr der gemeinsame Besuch einer Kindertageseinrichtung oder einer Schule zur Regel. Beide Institutionen beziehen sich auf die Heterogenität als Normalfall und sind prinzipiell bereit, sich auf die Vielfalt der Kinder und ihrer individuellen Lernprozesse einzustellen. Daraus ergeben sich als Handlungsfelder einerseits das Arrangement individueller Lernsituationen, andererseits die Gestaltung der Gemeinschaft verschiedener Kinder.

Fazit
Die genannten *fünf Berührungspunkte* beziehen sich allesamt auf die pädagogische Aufgabe für Kinder und mit Kindern. Demgegenüber haben die trennenden Fakten, wie etwa die unterschiedlichen institutionellen Strukturen, die unterschiedlichen pädagogischen Traditionen sowie die unterschiedlichen Ausbildungen von pädagogischen Fachkräften sowie von Lehrerinnen und Lehrern mit der unterschiedlich verlaufenen Institutionalisierung von Kindertageseinrichtungen und Grundschulen zu tun. Wenn also Annäherung gefordert ist, so impliziert diese auch das Aufbrechen historisch gewachsener Vorstellungen und gewohnter Strukturen. Voraussetzung dafür ist eine gute Kenntnis über den eigenen und den anderen Bereich.

Im Folgenden wird daher ein Blick in die Entstehung und Lage des Faches „Grundschulpädagogik und -didaktik" geworfen, um dann die Frage nach einer möglichen Annäherung stellen zu können.

3 Zur Entstehung und Lage des Fachs „Grundschulpädagogik und -didaktik"

Die „Grundschulpädagogik und -didaktik" ist ein relativ junges akademisches Fach, das zudem von Bundesland zu Bundesland sowie in einigen Fällen sogar von Universität zu Universität unterschiedliche Zuschnitte aufweist. Als Sammelbegriff umfasst dieses Fach die Pädagogik der mittleren Kindheit sowie die Didaktik(en) der Grundschule.

Die Aufgaben der Grundschule

Die Grundschule zeichnet sich gegenüber anderen Schulstufen durch mehrere Merkmale aus, die Günther Schorch (2007) unter den Begriffen „grundlegende Schule", „erste Schule", „gemeinsame Schule" und „kindgemäße Schule" zusammenfasst. Betont wird damit, dass die Grundschule als erste Schule die Basis für schulische Bildung zu legen hat, und dass sie dies unter der Bedingung leistet, alle Kinder im Alter zwischen etwa sechs und zehn bzw. zwölf Jahren aufzunehmen.

Für die Didaktik dieser Schulstufe ist entscheidend, dass sich der Fächerkanon der weiterführenden Schulen noch nicht abbildet, die Grundschule aber die Aufgabe hat, den Grundstock für den Aufbau der verschiedenen Fächer zu legen. Die Institutionalisierung des akademischen Faches ist allerdings eng an die Fächer (etwa Deutsch, Mathematik, Physik, Englisch oder Geografie) gebunden gewesen, da mit der Integration der Lehrerbildung in die Universitäten das Studium mindestens eines Faches auch für die Studierenden des Lehramts Grundschule verpflichtender Bestandteil des Studiums wurde.

Die „Grundschulpädagogik und -didaktik" als universitäre Disziplin hat sich historisch betrachtet vor allem aus einem Fach herausgebildet, das in der Lehrerbildung als „Didaktik des Anfangsunterrichts" bezeichnet wurde; es umfasste Erstlesen, Erstschreiben und Erstrechnen sowie den Sachunterricht bzw. die Heimatkunde. Diese Didaktik ist eng verknüpft mit der Gründung der Grundschule, die ins Jahr 1919 zu datieren ist, als im Art. 146 der *Weimarer Verfassung* eine vierjährige gemeinsame Schule für alle Kinder des Volkes verankert wurde.

Das Grundschulgesetz von 1920 führt aus: „Die Volksschule ist in den unteren vier Jahrgängen als die für alle gemeinsame Grundschule, auf der sich auch das mittlere und höhere Schulwesen aufbaut, einzurichten" (§ 1, zit. in Scheibe 1974, S. 58).

Die Eingliederung der Grundschule in die Volkschule

Dieser historische Schritt ist bildungspolitisch bedeutsam und markiert die Aufhebung der bestehenden „Vorschulen" oder „Vorklassen", die als Teil des höheren Schulwesens an die Gymnasien angegliedert waren und sich auch oft Pro-Gymnasien nannten. Ihre Funktion war eine Selektion der künftigen Eliten von Anfang an. Das sogenannte niedere Schulwesen war davon getrennt; es umfasste die Volksschule, die von der Mehrheit der Bevölkerung besucht wurde. Mit dem Art. 146 der *Weimarer Verfassung* sollten nun – dem neuen demokratischen Geist verpflichtet – alle Kinder gemeinsam die erste Stufe des Bildungswesens durchlaufen. Die neu geschaffene Grundschule war dem Gedanken einer Einheitsschule verpflichtet und hatte den ständischen Charakter des Bildungswesens zu beseitigen, was aber nur bedingt gelang, da man sich erstens nur auf vier gemeinsame Jahre einigen konnte – eine Entscheidung, die als „Weimarer Kompromiss" in die Geschichte eingegangen ist – und da man zweitens großzügige Ausnahmeregelungen für Privatschulen erließ. Übrigens bezieht sich der Absatz 6, § 7 unseres Grundgesetzes („Vorschulen bleiben aufgehoben") genau auf diesen Punkt.

Orientierung an pädagogischen Grundsätzen

In den „Richtlinien zur Aufstellung von Lehrplänen für die Grundschule" des Jahres 1921 ist die pädagogische und didaktische Ausrichtung gut erkennbar. Hier wird ausdrücklich auf die Besonderheit dieser Schulstufe hingewiesen und daraus der Grundsatz der Kindgemäßheit abgeleitet. Dazu gehören die Betonung des erlebnisorientierten Lernens, die Hervorhebung der Selbsttätigkeit sowie der Kerngedanke eines ungefächerten Zugangs der Kinder zur Welt, der für die Grundschule die Etablierung eines „Gesamtunterrichts", wie er damals betitelt wurde, zur Folge hatte:

„Für den Anfangsunterricht ist eine strenge Scheidung der Lehrfächer nach bestimmten Stunden nicht vorzuschreiben, statt ihrer vielmehr ein Gesamtunterricht zuzulassen, in dem die verschiedenen Unterrichtsgegenstände zwanglos abwechseln.

Im Mittelpunkte dieses Gesamtunterrichts steht der heimatkundliche Anschauungsunterricht, in den sich die grundlegenden Übungen im Sprechen und Lesen, im malenden Zeichnen, Schreiben, Rechnen und Singen eingliedern" (zit. nach Scheibe 1974, S. 60).

Die Orientierung am Kind

Ausgangspunkt des unterrichtlichen Handelns sollte die Orientierung am Kind sein. Aus dieser Tradition, die ihrerseits stark an reformpädagogisches Gedankengut anknüpfte, entwickelten sich im 20. Jahrhundert eine speziell auf diese Schulstufe zugeschnittene Pädagogik und Didaktik, aus der Erkenntnis heraus, dass Unterricht für junge Kinder nicht derselbe sein kann wie der für ältere Kinder und Jugendliche.

Begünstigt wurde diese Entwicklung nicht zuletzt auch durch die erst in den 1970er-Jahren aufgehobene Trennung der Lehrämter bereits in der Ausbildung. Während für das Gymnasiallehramt schon im 19. Jahrhundert ein Fachstudium vorausgesetzt wurde, das erst um 1890 durch eine zweite Phase der Vermittlung von Berufsfertigkeiten ergänzt wurde, erhielten die künftigen Volksschullehrerinnen und Volksschullehrer in dafür eingerichteten Seminaren im Anschluss an den Besuch der Volksschule eine Ausbildung in der Methodik aller Unterrichtsfächer (Blömeke 2009).

Von den Pädagogischen Akademien über die Lehrerbildungsanstalten bis zu den Pädagogischen Hochschulen und Universitäten

Fachliche Kompetenz auf der einen Seite, methodische Kompetenz auf der anderen Seite – so ließen sich etwas vergröbert die unterschiedlichen Akzente in der Lehrerbildung des damaligen höheren und niederen Schulwesens beschreiben. Diese Tradition bewirkte vor allem ein bis heute spürbares Statusgefälle unter den verschiedenen Lehrämtern, aber auch eine unabhängige Entwicklung einer Didaktik- und Methodiklehre für den Volksschulbereich.

Eine Akademisierung des Grundschullehramtes stabilisierte sich jedoch erst nach dem Zweiten Weltkrieg; die Grundschullehrerinnen und Grundschullehrer der Weimarer Zeit wurden (in Preußen) in Pädagogischen Akademien ausgebildet, für die als Eingangsvoraussetzung das Abitur galt. Unter den Nationalsozialisten

wurden die Eingangsvoraussetzungen für eine Lehrerbildung wieder abgesenkt; nun konnte man nach erfolgreichem Abschluss der achtjährigen Volksschule und nach einem eigenen Ausleseverfahren in die so genannten Lehrerbildungsanstalten aufgenommen werden. Diese Lehrerbildungsanstalten wurden nach dem Zweiten Weltkrieg aufgelöst. Die künftigen Volksschullehrerinnen und Volkschullehrer wurden nun in der Bundesrepublik an Pädagogischen Hochschulen ausgebildet, wofür die Hochschulreife Voraussetzung war. In der DDR wurden die Lehrkräfte für die „Unterstufe" (Klasse 1–4) an Lehrerbildungsinstituten ausgebildet, die nach Abschluss der 10. Klasse besucht werden konnten.

Heute studieren in allen Bundesländern die künftigen Grundschullehrpersonen an Universitäten, ausgenommen in Baden-Württemberg, das seine Pädagogischen Hochschulen erhalten, sie aber mit den universitären Rechten der Promotion und Habilitation ausgestattet hat.

Die „klassischen" Pädagogischen Hochschulen, die in den westlichen Bundesländern in der Regel bis in die 1970er-Jahre hinein bestanden, verstanden sich weniger als Forschungsinstitutionen denn als Vermittler zwischen der Schulpraxis und der Schultheorie. Die Integration der Lehrerbildung in die Universitäten – ein Schritt, der dem vom Deutschen Bildungsrat vertretenen Ansatz einer durchgängigen Bildung über alle Stufen hinweg und damit der Aufhebung der Unterscheidung in ein niederes und ein höheres Lehramt entsprach – führte letztendlich zur Etablierung des akademischen Faches „Grundschulpädagogik und -didaktik", das damit auch eine Neu-Justierung in seinem Selbstverständnis vorzunehmen hatte.

Der erste Lehrstuhl für Grundschuldidaktik wurde 1966 in Frankfurt eingerichtet. Sein Inhaber, Erwin Schwartz, verstand sich in erster Linie als Reformer der Grundschule. Er gründete den „Arbeitskreis Grundschule" e.V. (heute: „Grundschulverband" e.V.), der in der Folgezeit immer wieder wichtige Impulse für die Entwicklung der Grundschule gab.

Beispiele der Etablierung des Fachs: Die Frankfurter und die Augsburger Grundschulpädagogik

Wolfgang Einsiedler bewertet die Entwicklung der Frankfurter Grundschulpädagogik ambivalent: Es sei der unbestrittene Verdienst von Erwin Schwartz und seinen Frankfurter Kollegen, der Grundschule als Institution mehr Aufmerksamkeit und ihrem Anspruch auf Gleichrangigkeit mehr Geltung verschafft zu haben, doch sei es diesem Institut seinerzeit nicht gelungen, das Fach wissenschaftlich zu etablieren. Die Vorrangigkeit bildungspolitischer Fragen ging seiner Meinung nach eindeutig zu Lasten der Wissenschaftlichkeit. Er begründet diese Einschätzung mit einer Analyse der zahlreichen Veröffentlichungen, die in der Mehrzahl schulpolitisch ausgerichtet oder – der Tradition folgend – eher als Handlungsanleitungen zu verstehen waren (Einsiedler 2010).

Eine andere Bilanz zieht Wolfgang Einsiedler für die *Augsburger Grundschulpädagogik*. Den Augsburger Lehrstuhl für Grundschulpädagogik übernahm 1973 Ilse Lichtenstein-Rother, deren Standardwerk „Schulanfang" zum ersten Mal 1954 und 1969 bereits in der 7. Auflage erschienen war. Ihr vorrangiges Anliegen war es, die universitäre Ausbildung für die Grundschullehrerinnen und Grundschullehrer zu etablieren. Ausgehend von einem geisteswissenschaftlich fundierten Bildungsbegriff entwickelte sie eine schultheoretische Position für die Grundschulpädagogik, die aber stets auch zurückgebunden wurde an die Praxis. Die von ihr praktizierte Forschungskonzeption bezeichnet Wolfgang Einsiedler als „dokumentarische Methode"; innovative Praxis wurde detailliert dokumentiert und theoretisch gerahmt. Auch in Augsburg wurde Position bezogen, nicht bildungspolitisch, aber bildungsethisch.

Der Grundschulunterricht wurde nach Kategorien wie Verantwortung oder Chancengleichheit für alle Kinder gewertet. Ausgehend von einem fachlichen Selbstverständnis der Grundschulpädagogik als Handlungswissenschaft übernahmen beide genannten prägenden Personen der frühen Phase auch Verantwortung für die Anwendung ihres Wissens. Für Wolfgang Einsiedler, selbst ein Doyen der Grundschulpädagogik, hat Ilse Lichtenstein-Rother das Fach wissenschaftlich wirksamer profiliert; für die stärker bildungspolitische Gewichtung, wie sie Erwin Schwartz vorgenommen hat, lässt sich allerdings ins Feld führen, dass sie dem Fach geholfen hat, öffentlich wahrgenommen zu werden und dass vor allem die Praxisbedingungen auf den Prüfstand gestellt wurden, unter denen Grundschularbeit zu leisten ist.

Wissenschaftliche Profilierung der Grundschulpädagogik

Mit der Gründung des *Instituts für Grundschulforschung* an der Universität Erlangen-Nürnberg im Jahr 1974 sowie der Einrichtung des *Instituts für Forschung und Lehre für die Primarstufe* in Münster und der *Arbeitsstelle Bildungsforschung Primarstufe* in Berlin wurde immer deutlicher der Weg für eine wissenschaftliche Profilierung der Grundschulpädagogik bereitet.

Zieht man im Jahr 2011 Bilanz, so findet man eine große Bandbreite von Ausprägungen des Faches „Grundschulpädagogik und -didaktik". Immer noch sind Positionen vertreten, die sich stärker der Weiterentwicklung des pädagogischen Felds auf der Grundlage von Erkenntnissen der Wissenschaft verschrieben haben, und solche, die eher die Ansprüche der Wissenschaft auch auf die Grundschulpädagogik angewendet sehen wollen. Immer noch verstehen sich einige Vertreter eher als *Didaktiker* und andere eher als *Pädagogen*. Hatten die ersten Lehrstühle noch häufig die Denomination „Grundschuldidaktik", verständigt man sich heute eher auf „Grundschulpädagogik" oder man verbindet beide Aspekte in der Bezeichnung „Grundschulpädagogik und -didaktik". Auch das wohl am weitesten verbreitete „Handbuch Grundschulpädagogik und Grundschuldidaktik" (Einsiedler u.a. 2011) trägt diesen Doppeltitel. Erst in der dritten Auflage (2011) findet sich in diesem Handbuch ein einleitendes Kapitel zum Selbstverständnis des Faches. Es beschreibt nicht nur dessen Werdegang, sondern umreißt auch die große Vielfalt an Richtungen und Themen, die in diesem Fach gebündelt sind. Die Tatsache, dass die Reflexion des Faches erst in der dritten Auflage Eingang in dieses umfangreiche Werk gefunden hat, kann als Beleg für das inzwischen doch stärker gefestigte Selbstverständnis und Profil des Faches gewertet werden.

4 Das grundschulpädagogische bzw. grundschuldidaktische Wissen

Von den 1950er- bis zu den 1970er-Jahren existierte eine Handvoll Lehrbücher, in denen mehr oder weniger das gesamte grundschulpädagogische Wissen zusammengefasst war, gesammelt auf der Basis geisteswissenschaftlichen Nachdenkens und soliden Erfahrungswissens, vielfach verpackt in Form präskriptiver Handlungsanweisungen. Mittlerweile ist die Zahl der Veröffentlichungen unaufhörlich gestiegen; es gibt Handbücher, etliche Lehrbücher und eine ganze Reihe von Zeitschriften, in denen das Wissen für die Praxis aufbereitet wird. Eine wissenschaftliche Zeitschrift hat sich allerdings erst im Jahr 2008 etablieren können, die *Zeitschrift für Grundschulforschung. Bildung im Elementar- und Primarbereich*.

Im Jahr 1999 wurde dann eine eigene *Sektion Grundschulforschung* innerhalb der Deutschen *Gesellschaft für Erziehungswissenschaft (*DGfE) gegründet: auf Initiative von Wolfgang Einsiedler, Maria Fölling-Albers und Hanns Petillon war sie aus einem Zusammenschluss von Grundschulpädagoginnen und Grundschulpädagogen im Jahr 1991 in Regensburg hervorgegangen.

Die Beiträge der jährlichen Tagungen dieser ständig wachsenden Gruppe „Empirische Grundschulforschung" werden seither in *Jahrbüchern* regelmäßig veröffentlicht. Sie berichten aus Forschungsprojekten, deren Klammer eine Verbindung zur Grundschule ist. Die Bandbreite der Themen ist enorm. Sie reicht von Forschungen zum Übergang vom Elementarbereich zum Primarbereich bis hin zu diversen fachdidaktischen Fragestellungen, etwa der Frage nach den reflexiven mathematischen Fähigkeiten von Grundschulkindern oder der immer wieder aktuellen Beschäftigung mit dem Phänomen der Lese- und Rechtschreibschwierigkeiten.

4.1 Quellen

Grundschulpädagogisches Wissen speist sich – entsprechend den verschiedenen Bezugsdisziplinen und historischen Entwicklungen – aus unterschiedlichen Quellen und wird unter den spezifischen Anforderungen der Grundschule jeweils neu konstruiert.

Allgemeine Schulpädagogik und Didaktik
Diese erste Quelle erhebt den Anspruch, didaktisches Wissen über alle Schulstufen und Schularten hinweg zu generieren und weiterzuentwickeln. Sie liefert etwa die Begrifflichkeiten zur Beschreibung des unterrichtlichen Geschehens. Ein Konstrukt, wie zum Beispiel das der Unterrichtsprinzipien, ist in der Allgemeinen Didaktik entwickelt worden und wird in der Grundschulpädagogik spezifiziert. Schule unterliegt in vielerlei Hinsicht über alle Schularten und Schulstufen hinweg gleichen Bedingungen, in einigen Punkten jedoch ist die Unterscheidung wesentlich; in ihr liegt das Grundschulspezifische.

Die Allgemeine Didaktik bzw. die Schulpädagogik hat traditionell eine geisteswissenschaftliche Ausrichtung. Sie gewinnt ihre Erkenntnisse auf hermeneutischem Weg. Das führt zu einer relativ starken Betonung der Theorie, was ihr als Anwendungswissenschaft immer wieder Probleme bereiten kann.

Margarete Götz (2000, S. 532) konstatiert in ihrer Standortbestimmung, dass die Grundschulpädagogik sich immer wieder selbst in das komplizierte Theorie-Praxis-Problem bringe, da die Fachvertreterinnen und Fachvertreter stets auch nach der Praxisrelevanz ihres forschenden Tuns fragten. Einerseits sei das der Aufgabe der Berufsvorbereitung der künftigen Lehrpersonen zuzuschreiben, andererseits aber auch den „dauerhaft gepflegten praxisverbessernden Reformambitionen" (ebd., S. 532). Letztere seien schließlich auch mit dafür verantwortlich, dass es die Grundschulpädagogik bisher versäumt habe, eine elaborierte Theorie-Praxis-Debatte zu führen.

Was hier eher nach einem Vorwurf an die Wissenschaft betreibenden Personen klingt, ist für Renate Valtin (2000) eine kritisch-konstruktive Haltung. Sie hält die Grundschulpädagoginnen und Grundschulpädagogen mit einem leisen Anflug von Ironie für ein „seltsames Völkchen: Sie wollen sich nicht damit begnügen, distanziert auf die Grundschule zu schauen oder gar interesselose Diskurse über Bedingungen der

Lehr-Lernarrangements in der Grundschule führen. Sie betrachten Grundschulpädagogik nicht nur als eine normative Wissenschaft, sondern auch als eine kritisch-konstruktive" (Valtin 2000, S. 557). Ihre Vertreter reflektierten Aufgaben und Ziele der Grundschule unter normativen Vorgaben, deren Legitimierung vorher in einem rationalen Diskurs erfolgt ist. Die Orientierung an den geisteswissenschaftlichen Grundlagen der Schulpädagogik impliziert diese normative Orientierung, und die Verpflichtung gegenüber dem Anwendungsfeld Schule führt zu einem Verständnis der Grundschulpädagogik als Handlungswissenschaft.

Empirische Bildungsforschung und Lehr-Lernforschung

Die zweite wichtige Quelle grundschulpädagogischen Wissens, die empirische Bildungsforschung und die Lehr-Lernforschung, hat nach Auffassung der Autoren des „Handbuchs Grundschulpädagogik und Grundschuldidaktik" der Grundschulpädagogik den entscheidenden Impuls gegeben, um sich wissenschaftlich zu etablieren. Dabei haben empirische Forschungen im Bereich der Grundschule schon lange Tradition.

So prüften beispielsweise Friedrich Steinwachs und Inge Teuffel im Jahr 1954, welche Werkzeuge für das *Schreiben lernen* geeigneter seien, Andreas Krapp und Heinz Mandl (1977) verfolgten in den 1970er-Jahren Augsburger Schulanfänger in einer Längsschnittstudie, um festzustellen, ob die zum Schuleinritt getroffenen Prognosen sich bewahrheiteten. Und in der groß angelegten SCHOLASTIK-Studie (Weinert/Helmke 1997) wurden domänenspezifische Lernentwicklungen verfolgt und in Beziehung zu individuellen Voraussetzungen sowie zum schulischen Kontext gesetzt.

Obwohl die genannten Forscher sich nicht als Grundschulpädagogen verstanden, ist es doch bemerkenswert, dass Fragen im Feld der Grundschule Gegenstand empirischer Forschung waren, noch ehe es den Aufschwung der empirischen Bildungsforschung gab, der eigentlich erst nach den großen internationalen Leistungsvergleichsstudien (PISA, IGLU) einsetzte. Dennoch wurden diese Ergebnisse kaum in der grundschulpädagogischen Literatur rezipiert. Noch im Jahr 2000 entdeckte Renate Valtin (2000, S. 559) allenfalls „Spurenelemente" empirischer Forschungsergebnisse in den grundschulpädagogischen Diskursen. Das hat sich mittlerweile jedoch geändert.

Die Stärkung der empirischen Bildungsforschung insgesamt führte auch in der Grundschulpädagogik zu einem Anstieg empirischer Forschungen, wobei sich die Forschenden teils quantitativer Methoden, teils qualitativer Methoden bedienen. Wolfgang Einsiedler konstatiert 2008 eine positive Entwicklung in Richtung empirischer Forschung in der Grundschulpädagogik, bemängelt aber weiterhin den ungeklärten wissenschaftlichen Status von Präskriptionen, die auch aus empirischen Forschungsergebnissen abgeleitet werden (Einsiedler 2008).

Reformpädagogische Bewegungen

Die Grundschulpädagogik bedient sich außerdem bis heute *reformpädagogischer Bewegungen,* die in erster Linie nicht in wissenschaftlichen Kreisen entstanden sind, sondern in der Praxis von engagierten Lehrerinnen und Lehrern initiiert und getragen werden. Aus der Praxis erwächst die Überzeugung, dass bestimmte Probleme des Schulalltags am besten durch ein bestimmtes Vorgehen zu lösen sind. Die Reformpädagogik des frühen 20. Jahrhunderts verstand sich immer auch als praktische Pädagogik und versuchte demzufolge das Problem der „Buch- und Paukschule" durch einen erlebnisorientierten Unterricht zu lösen. Als Antwort auf die Unterschiedlichkeit der Kinder und ihre Lernweisen entwickelte sich der offene Unterricht in den verschiedensten Facetten, den die wissenschaftliche Grundschulpädagogik zu begründen und dann auch empirisch zu fassen versuchte.

Die enge Verquickung zu diesen aus der Praxis kommenden Bewegungen kann einerseits als Stärke verstanden werden: Die Grundschulpädagogik behält die enge Verbindung zur Praxis. Sie versteht sich sogar gewissermaßen als Anwalt der Praxis, indem sie die Themen aufnimmt, die für die Praxis unmittelbare Relevanz haben. Andererseits besteht jedoch die Gefahr, dass sie die für die Wissenschaft so wichtige kritische Distanz aufgibt und sich dem Zeitgeist und seinen Moden unterwirft.

4.2 Themen

Die Themen der Grundschulpädagogik lassen sich auf drei Ebenen abbilden:
- auf der Ebene der Kinder,
- auf der Ebene der Lehrpersonen,
- auf der Ebene der Institution Grundschule.

Auf der Ebene der Kinder geht es um alle Fragen, die mit der Entwicklung, dem Lernen und der Lebenswelt der Kinder zu tun haben. Die zweite Ebene nimmt die erwachsenen Akteure in den Blick; sie befasst sich mit den Kompetenzen und dem Handeln der Lehrpersonen. Bei der dritten Ebene geht es um die Rahmenbedingungen, die durch die Institution bzw. durch die Gesellschaft gesetzt sind und auch verändert werden können. Allerdings lassen sich diese drei Ebenen real nicht voneinander trennen. In der Handlungssituation wirken sie aufeinander ein und bedingen einander.

Das Thema Grundschulunterricht berührt deutlich alle drei Ebenen; Aussagen über Unterricht (ob deskriptive oder präskriptive) setzen Einsichten in das domänenspezifische Lernen von Kindern, Kenntnisse über adäquates unterrichtliches Lehrerhandeln sowie Vertrautheit mit den schulstrukturellen Gegebenheiten voraus. Erst die Berücksichtigung aller drei Ebenen erlaubt es, Unterricht angemessen zu beschreiben, zu analysieren oder Optimierungsansätze zu entwickeln.

Auch bildungstheoretische Fragen, etwa die nach den Aufgaben und Funktionen der Grundschule, müssen auf allen drei Ebenen durchdacht werden. So bezieht sich beispielsweise die bereits angesprochene Doppelfunktion von Förderung und Auslese zwar zunächst auf die durch die Institution gesetzten Bedingungen, ihre Konflikthaftigkeit aber wird besonders deutlich, wenn auch die Perspektive von Kindern und von Lehrpersonen eingenommen wird.

Ziele schulischer Bildung
Einen breiten Raum im grundschulpädagogischen Diskurs nehmen die Fragen nach den Zielen schulischer Bildung ein, und diese beziehen sich vordergründig auf die Gesellschaft:
- Was sollen junge Menschen in der Schule lernen?
- Welche Kompetenzen sollen sie erwerben, um sich und die Gesellschaft weiterzuentwickeln?

Ihrer Bedeutung entsprechend sind die Ziele auch in der Verfassung sowie in Schulgesetzen und staatlichen Curricula niedergelegt. Konkret stellen sich dabei immer wieder dieselben Fragen:
- Findet der spezifische Kompetenzerwerb überhaupt in der Schule statt, und wenn ja, welche Rolle kommt der Schule im Konzert mit den anderen Vermittlungsinstanzen zu?

- Welche Voraussetzungen sind von Bedeutung?
- Welche Bedingungen müssen geschaffen werden, damit der Kompetenzerwerb gelingt?
- Wie stellt man den Erfolg des unterrichtlichen Bemühens bzw. den Kompetenzzuwachs der Kinder fest?

Für den Erwerb der *Rechtschreibkompetenz* beispielsweise liegt die Zuständigkeit außer Zweifel bei der Schule, die hier eine zentrale Rolle spielt, wenngleich für die Schaffung von günstigen Voraussetzungen auch andere Instanzen wie etwa die Familie und die Kindertageseinrichtung verantwortlich sind. Ihr Einfluss muss jedoch genau spezifiziert werden. Die Kenntnis über den Entwicklungsverlauf der Rechtschreibkompetenz deutet auf basale Fähigkeiten hin, die ihr zugrunde liegen, beispielsweise die phonologische Bewusstheit, die sich zum großen Teil schon im Vorschulalter entwickelt, dafür jedoch auf spezifische Impulse angewiesen ist.

Daraus lassen sich Bedingungen für eine gelingende Unterstützung ableiten, vor der Schule und in der Schule, die dann allerdings auch kritisch geprüft werden müssen. Das bedeutet wiederum, dass nicht nur eine Übereinkunft darüber erzielt werden muss, was Rechtschreibkompetenz im Grundschulalter bedeutet, sondern auch wie man sie feststellt oder misst.

Für andere, stärker lebensweltbezogene Kompetenzen, beispielsweise für die *interkulturelle Kompetenz* oder für die *Medienkompetenz,* ist die Zuständigkeit sowie die Feststellung weniger geklärt. Aber auch diese Bereiche sind thematisch von hoher Bedeutung für die Grundschulpädagogik, verstehen sie die Grundschule doch als pädagogische Institution, die für die Entwicklung und Bildung der *gesamten Persönlichkeit des Kindes* Verantwortung übernimmt. Die Folge dieser sehr weiten Spreizung von Aufgaben ist eine enorme Fülle an Themen und Inhalten der Disziplin.

Die Themenliste der Handbücher zur
Grundschulpädagogik und Grundschuldidaktik
Um die Themen der Grundschulpädagogik zu systematisieren, lohnt es sich, einen Blick in drei entsprechende Handbücher zu werfen. Angegeben ist hier jeweils die erste Auflage.

Dieter Haarmann (Hrsg.): Handbuch Grundschule. Band 1 (1991), Band 2 (1993)
Band 1 ist untertitelt mit „Allgemeine Didaktik: Voraussetzungen und Formen grundlegender Bildung", Band 2 mit „Fachdidaktik: Inhalte und Bereiche grundlegender Bildung".

Das verbindende Element ist die Aufgabe der grundlegenden Bildung; diese wird im Band 1 eher allgemein und pädagogisch thematisiert, im Band 2 auf die einzelnen Lernbereiche bezogen. Band 1 unterscheidet weiter in „Die Grundschule als Institution", „Die Grundschule und ihre Kinder", „Leistungsanforderungen und -probleme in der Grundschule" sowie „Verfahrens- und Methodenfragen im Grundschulunterricht". Band 2 enthält zwei Kapitel zu Grundschul-Lehrplänen im Wandel, ein Kapitel zum Begriff der grundlegenden Bildung, außerdem jeweils mehrere Einzelkapitel zu den verschiedenen Lernbereichen der Grundschule. Diese Systematik enthält – wie andere Systematiken auch – Überschneidungen, ist aber im Ganzen gut nachvollziehbar.

Der Herausgeber will das Handbuch bewusst als „Dokument einer Reform" verstanden wissen und konzentriert sich daher auf das Bild der Grundschule als einer Schule, die sich den Veränderungen der Zeit stellt.

Wolfgang Einsiedler u. a. (Hrsg.) (2001): Handbuch Grundschulpädagogik und Grundschuldidaktik
In diesem Handbuch wird für die 80 Artikel eine Systematik entworfen, die den Eigencharakter der „Grundschulpädagogik und -didaktik" klar hervortreten lässt. Im ersten Teil geht es um die „Grundschule als Institution", im zweiten Teil wird die „Grundschule

als pädagogisches Handlungsfeld", im dritten Teil als „didaktisch-methodisches Handlungsfeld" aufgefächert; dem folgt ein vierter, umfangreicher Teil, der „fachliche und überfachliche Ziele und Inhalte" enthält. Die Spezifika des Faches werden in dieser groben Gliederung erkennbar.

Die einzelnen Artikel schlagen den Bogen von gesicherten Forschungsergebnissen bis zu ableitbaren Handlungskonsequenzen. Das Buch wendet sich in erster Linie an Studierende und Lehrende des Faches Grundschulpädagogik.

Horst Bartnitzky u. a. (Hrsg.) (2009): Kursbuch Grundschule
Das „Kursbuch Grundschule" versteht sich vor allem als programmatisches Werk, das Wert auf die Verbindung von Forschung, Praxis und Bildungspolitik legt. Hier findet sich eine vergleichbare Systematik, die sich primär an den Belangen der Praxis orientiert.

Der erste Teil konzentriert sich auf die „Primarstufe im Bildungssystem" und greift dabei besonders prägnante Gesichtspunkte wie etwa die Übergänge oder die strukturellen Bedingungen (wie die Dauer der Grundschulzeit) heraus.

Im zweiten Teil werden unter dem Sammelbegriff „Bildung und Erziehung" die Eckpfeiler für das pädagogische und didaktische Handeln dargestellt.

In einem dritten Teil werden die „Lernbereiche und Fächer" abgehandelt.

Großer Wert wird auf Verständlichkeit aber auch auf die wissenschaftliche Fundierung gelegt. Das Buch richtet sich bewusst auch an Bildungsverantwortliche in allen Bereichen.

Das „Handbuch Grundschulpädagogik und Grundschuldidaktik" und das „Kursbuch Grundschule" spiegeln in ihrer Systematik und in ihren Einzelbeiträgen die Vielfalt und Breite des Faches gut wider. Sie hinterlassen jedoch beim Rezipienten gleichzeitig auch den Eindruck einer gewissen Überfülle, die unter Umständen als Allmachtanspruch der Grundschulpädagogik interpretiert werden könnte. In der Tat gibt es zahlreiche Überlappungen mit den verschiedenen Bezugsdisziplinen, und daher ist die Grundschulpädagogik stets auf eine Kooperation mit ihnen angewiesen.

Allgemein grundschulpädagogischer Bereich – Fächer- und lernspezifischer grundschuldidaktischer Bereich
Entsprechend der Systematik der oben aufgeführten (und auflagenstarken) Handbücher lassen sich zwei große Bereiche voneinander unterscheiden, zum einen ein allgemein grundschulpädagogischer und zum anderen ein spezifisch auf die Fächer bzw. Lernbereiche bezogener grundschuldidaktischer Bereich. Die Lernbereiche sind unterschiedlich ausdifferenziert, sie umfassen fachliches und auch überfachliches Lernen, beispielsweise den Umgang mit Medien. Sie sind als Bereiche grundlegender Bildung angelegt und

berücksichtigen sowohl lern- und entwicklungspsychologische als auch sachstrukturelle Bedingungen. Daraus werden spezifische Lernarrangements und Arbeitsweisen abgeleitet.

Uneinheitlicher gestaltet sich der erstgenannte Bereich der Grundschulpädagogik. Hier werden klare Akzentuierungen bereits im Zuschnitt der Themen vorgenommen:

– Dieter Haarmann (1991 und 1993) betont die Reformfähigkeit der Grundschule,
– Wolfgang Einsiedler u.a. (2001) stellen die forschungsbasierte Breite und Tiefe der Disziplin heraus,
– Horst Bartnitzky u.a. (2009) pointieren die Zukunftsfähigkeit der Grundschule.

In allen drei Handbüchern finden sich zwar gemeinsame Themen, so jeweils ein Kapitel zur „Geschichte der Grundschule" oder zur „Leistungsbeurteilung". Doch andere spezifische Themen sind jeweils nur in einem der drei Werke zu finden, so die „Pädagogische Anthropologie des Kindes" nur in Einsiedler u.a. (2001) oder die „Heterogenität und Integration" nur in Bartnitzky u.a. (2009), wobei die Inhalte durchaus auch in den anderen Werken behandelt werden, nur unter einer anderen thematischen Klammer, und damit auch anders akzentuiert.

Die Themen der Grundschulpädagogik
Die Themenaspekte sind allerdings nicht so beliebig, wie es auf den ersten Blick den Anschein haben könnte. Etwas vereinfachend dargestellt gruppieren sich die Themen um drei Fragenbereiche:

– *Fragen, die mit den institutionellen und personalen Bedingungen zu tun haben*
Dazu gehören zum Beispiel Fragen zur Stellung der Grundschule im Bildungssystem, Fragen zur Profession sowie Fragen zu den Kindern.
– *Fragen, die mit den Zielen der grundschulpädagogischen Arbeit zu tun haben*
Dabei geht es um pädagogische Zielsetzungen aber auch um fachliche bzw. überfachliche didaktische Ziele und Inhalte.
– *Fragen, die mit der Umsetzung dieser Ziele zusammenhängen*
Das betrifft in erster Linie den Unterricht und seine unterschiedlichen Formen und Konzepte, aber auch Fragen seiner Qualität und der Steuerung.

Diese Fragenbereiche spannen einen weiten, vielfältigen und vielschichtigen Themenhorizont auf. So lässt sich das grundschulpädagogische Wissen als ein zwar kohäsives, weil immer auf den Gegenstand Grundschule bezogenes, aber keineswegs gleichförmiges Wissen kennzeichnen. Es handelt sich vielmehr um eine Art Patchwork, das in seiner Gesamtheit erst ein Bild ergibt.

Bestandteile dieses Patchworks sind grundschulbezogene Erkenntnisse der Bezugsdisziplinen (Fachdidaktiken, Pädagogik, Psychologie, genuin in der Grundschulpädagogik generierte Wissensbestände), aber auch Erfahrungen der reflektierten Praxis. Sie sind zusammengefügt zu einem Muster, welches das Themenspektrum der Grundschulpädagogik und Grundschuldidaktik in je spezifisch akzentuierter Weise abbildet.

4.3 Diskussionslinien

Gekennzeichnet ist dieses Muster durch diverse Diskussionslinien, die auch als Spannungsfelder beschrieben werden können. Hanns Petillon fokussiert sie als „universale, ambivalente Grundmuster (...), die im Hinblick auf Zielkonflikte unter dem Aspekt der Vereinbarungsproblematik besonders relevant erscheinen" (Petillon 1997, S. 292).

Doppelaufgaben und Zielkonflikte
Doppelaufgaben enthalten Zielkonflikte, die zueinander in einem gewissen Spannungsverhältnis stehen, beispielsweise die Aufgabe, Kindern einerseits die Gegenwart erfahrbar und fassbar zu machen und sie andererseits auf die Zukunft vorzubereiten. Grundschulpädagogische und grundschuldidaktische Konzepte unterscheiden sich auch darin, wo sie jeweils ihren Schwerpunkt setzen.

Das Gleiche gilt auch für die anderen (von Hanns Petillon ausgeführten) Zielkonflikte: den zwischen Kind und Gesellschaft, zwischen Kind und Sache, zwischen Freiraum und Grenzziehung, zwischen Differenzierung und Integration sowie zwischen nicht-kognitiver und kognitiver Entwicklungsförderung. In jedem dieser Felder sind beide Spannungspole jeweils auszubalancieren, sowohl konzeptionell als auch praktisch. Diese anspruchsvolle Herausforderung wird allerdings – insbesondere auf der konkreten Handlungsebene – nicht immer angenommen; mit zunehmender Berufserfahrung scheinen bei den Lehrpersonen die Reflexionen über Ziele zu schwinden (Petillon 1997). Didaktische Konzepte beziehen in der Regel jedoch Standpunkte hinsichtlich ihrer Zielsetzungen und lassen sich damit auch besser verorten.

Spannungsfelder in der Pädagogik
Die Figur eines Spannungsfelds wählt auch Ludwig Duncker, um die grundschuldidaktische Diskussion zu skizzieren. Seinem Verständnis nach lässt sich grundschuldidaktisches Denken und Handeln als Balanceakt begreifen, „der zwischen gegensätzlichen und widersprüchlichen Positionen zu vermitteln hat" (Duncker 2010, S. 338). Im Gegensatz zu Hanns Petillon beschreibt er Spannungen nicht zwischen Zielen, sondern zwischen Positionen, die wohl auch aus Zielsetzungen herrühren können, aber sich ebenso auf andere Aspekte beziehen können, beispielsweise auf die Gestaltung von Lehr-Lernprozessen. Dennoch ergibt sich daraus dieselbe Herausforderung, nämlich die permanente Reflexion des pädagogischen und didaktischen Handelns.

Die von Ludwig Duncker gewählten acht Spannungsfelder sind exemplarisch zu verstehen und nehmen für sich nicht in Anspruch, das gesamte Spektrum der Diskussionslinien abzubilden. Zwei davon seien herausgegriffen, weil sie über die Grundschule hinaus auch Bedeutung für andere Bildungsbereiche haben, insbesondere auch für den frühpädagogischen Bereich, aber speziell in der Grundschulpädagogik sehr ausführlich und breit diskutiert worden sind.

Besonders intensiv bearbeitet wurde jenes Feld, das Ludwig Duncker als „Selbsttätiges Lernen – angeleitetes Lernen" bezeichnet. Er bezieht sich dabei auf die in der Grundschuldidaktik seit über 30 Jahren weit verbreitete Auffassung der Überlegenheit offener gegenüber geschlossenen Unterrichtsformen. Es war zweifellos das Verdienst der Grundschulpädagogik, die Bedeutung selbstständigen und selbstbestimmten Lernens herauszustellen, offene Formen des Unterrichts theoretisch zu begründen und sie pädagogisch zu rechtfertigen.

Die empirische Aufarbeitung allerdings blieb lange Zeit spärlich. Erst in jüngerer Zeit haben sich einige Studien der Frage nach der *Wirksamkeit* differenzierter gewidmet (Schründer-Lenzen 2006, 2005; Hanke 2005; Lipowsky 2002). Sie zeichnen ein vielschichtiges Bild und verweisen insbesondere auf die Bedeutung

der konkreten Prozesse und Handlungsformen im Klassenzimmer, die Ebene der Interaktionen und das Lernniveau des Unterrichts, also auf die „Mikroebene" des Unterrichts (Lipowsky 2002). Außerdem zeigt sich, dass auch bei offenen Unterrichtsformen gilt, dass „Dasselbe" nicht für „Alle" gut sein muss. Erschwerend kommt hinzu, dass die Bezeichnung „offen" sehr viel Interpretationsspielraum lässt. Man muss eindeutige Parameter festlegen, damit vergleichende Aussagen überhaupt möglich sind. Vorbehaltlich dieser Unschärfe lässt sich aber feststellen, dass ein hoher Strukturierungsgrad schwächeren Kindern eher zugute kommt, während er leistungsstärkere Schülerinnen und Schüler zu bremsen scheint.

Strukturierung und Offenheit
Strukturierung beinhaltet auch Instruktion an ausgewählten Punkten des Lernprozesses. Ludwig Duncker plädiert in diesem Sinn für eine Rehabilitierung eines solchen Unterrichts, „der das Moment des Anleitens und Zeigens stärker betont" (Duncker 2010, S. 345).

Frank Lipowksy beschreibt das Verhältnis von Offenheit und Strukturierung als ein komplementäres:

„Einerseits schaffen Strukturierungen erst den Raum für Öffnungen und eigene Entdeckungen im Lernprozess und erleichtern somit die Einordnung der Erfahrungen. Sie bilden aber nicht nur die Voraussetzung, sondern sie sind auch Zieldimension offener Lernsituationen. Offene Lernsituationen intendieren, dass Schülerinnen und Schüler befähigt werden, ihre Lern- und Arbeitsprozesse sukzessive selbst zu strukturieren, zu planen, zu steuern und zu begleiten" (Lipowsky 2002, S. 149).

Der Autor plädiert daher für Strukturierung bei gleichzeitiger Offenheit. Dieses Spannungsfeld zwischen selbsttätigem und angeleitetem Lernen zeigt besonders deutlich, wie schwierig und vor allem langwierig es ist, zwischen beiden Polen in der Diskussion jeweils zu vermitteln.

Die Grundschule: ein Ort der gesellschaftlichen Integration und des sozialen Lernens
Ein weiteres Spannungsfeld, das Hanns Petillon (1997) und auch Ludwig Duncker (2010) aufzeigen, ist das der „Differenzierung und Integration". Der *Grundschulverband* umschrieb es mit seinem Kongressmotto von 1999 als „Vielfalt und Gemeinsamkeit" (Schmitt 2001). Darin ist die der Grundschule bereits in die Wiege

gelegte Aufgabe der Zusammenführung aller Kinder angesprochen, aber ebenso die Verpflichtung, jedem einzelnen Kind in seiner Einzigartigkeit gerecht zu werden, also die Unterschiede zwischen ihnen zu berücksichtigen.

In diesem Zusammenhang wird vielfach auf die durch verschiedene gesellschaftliche Entwicklungen verursachte Heterogenität hingewiesen. Kinder unterscheiden sich hinsichtlich ihrer Voraussetzungen für das schulische Lernen erheblich, was dazu führen muss, die Lernangebote zu differenzieren. Gleichzeitig aber ist die Grundschule ein einzigartiger Ort der gesellschaftlichen Integration, ein Ort, an dem sich tatsächlich noch (weitgehend) alle Kinder begegnen, ein Ort des sozialen Lernens.

Dieses gemeinsame Lernen muss jedoch gestaltet werden, es ereignet sich nicht allein dadurch, dass Kinder dieselbe Schule besuchen. Ludwig Duncker (2010, S. 348) weist in diesem Zusammenhang auf die Bedeutung der Schulkultur hin, die einen Rahmen für die Erfahrung und Reflexion von Normen und Werten schaffe. Er betont dabei auch den Stellenwert des sozialen Lernens, das Gelegenheiten biete, Werte wie Gemeinsinn, Solidarität, Toleranz und wechselseitige Achtung zu erfahren. Im Rahmen der Inklusionsdebatte hat dieses Spannungsfeld an Brisanz gewonnen. Es stellt die Grundschule vor noch größere Herausforderungen, die ohne verbesserte Rahmenbedingungen nicht zu leisten sind.

Standardisierung und Adaptivität
Eine weitere (weder bei Hanns Petillon noch bei Ludwig Duncker zu findende) Diskussionslinie betrifft die Verbindlichkeit der Lernangebote bzw. der Lernergebnisse. Es soll hier als „Standardisierung und Adaptivität" gefasst werden. Einerseits gebietet es die Gerechtigkeit, dass alle Schulen den gleichen Standards verpflichtet sind und dass gerade an den Nahtstellen gleiche Bedingungen für alle Kinder herrschen. Andererseits sind bereits die Ausgangsbedingungen so verschieden, dass die Lernangebote angepasst werden müssen, damit überhaupt Nutzen aus ihnen gezogen werden kann. Das bedeutet, dass sich die Grundschule einerseits mit der Forderung nach Standardisierung, andererseits mit der nach Adaptivität konfrontiert sieht.

Die Ergebnisse der Lehr-Lernprozesse in Form von Kompetenzen sollen vorgegebenen Standards entsprechen, womit sich die Schule ja auch einer Verpflichtung unterzieht. Die Lernangebote aber sollen auf die individuellen Lernvoraussetzungen und Lernbedingungen abgestimmt sein, damit jedes Kind seinen Anspruch auf Bildung realisieren kann. Unübersehbar ist, dass hier ein Spannungsfeld aufgetan wird, das in besonderer Weise auch die Rahmenbedingungen, unter denen Schule gestaltet wird, mit betrifft.

Die Verpflichtung auf Standards schafft Transparenz und erhöht die Verbindlichkeit. Die Bereitstellung von adaptiven Lerngelegenheiten fordert zunächst einmal hohe didaktische Kompetenz, ist aber möglich. Doch beim Bemühen um die gleichzeitige Berücksichtigung beider Forderungen kann es durchaus zu Diskrepanzerlebnissen bei Lehrpersonen kommen, weil das vorgegebene Ziel unter den Voraussetzungen vor Ort und mit den Möglichkeiten des Unterrichts nicht erreichbar zu sein scheint.

Fazit
Die Skizzierung einiger Diskussionslinien macht deutlich, dass grundschulpädagogisches Wissen keinesfalls statisch ist. Es ist dynamisch, weil seine Themen so vielfältig sind und so verschiedene Referenzebenen haben, wie Bildungstheorien, pädagogisch-psychologische Theorien, spezifische Forschungsergebnisse und innovative Praxis.

5 Impulse für die Elementarpädagogik?

Grundschulpädagogisches und grundschuldidaktisches Wissen berührt insbesondere dort elementarpädagogisches Wissen, wo es um Bildungs- und Lernprozesse von Kindern geht. Das Thema des Übergangs zwischen den beiden Bildungsinstitutionen wird von beiden Seiten bearbeitet, zunehmend auch mit Betonung eines interdisziplinären Zugriffs (Oehlmann u.a. 2011). Weitere Bemühungen zentrieren sich auf ein gemeinsames Bildungsverständnis, wie etwa das Projekt „TransKiGS", das in *Thüringen* 2010 in einen gemeinsamen „Bildungsplan für Kinder bis 10 Jahre", sowie in *Brandenburg* 2009 in einen „Gemeinsamen Orientierungsrahmen für die Bildung in Kindertageseinrichtung und Grundschule" mündete. In *Mecklenburg-Vorpommern*, *Hessen* und jüngst auch in *Bayern* widmen sich die Bildungspläne ebenfalls verstärkt der Altersspanne von null bis drei bzw. bis zu zehn Jahren, die aber nicht in diesem Kontext, sondern separat davon entwickelt wurden.

Lernen: ein eigenaktiver Prozess

Einer solchen Annäherung im Bildungsverständnis liegt eine Annäherung in der Auffassung über das Lernen zugrunde. In der Grundschuldidaktik hat sich in den vergangenen zehn Jahren eine gemäßigt konstruktivistische und auch ko-konstruktivistische Sicht des Lernens durchgesetzt. Lernen wird als eigenaktiver Prozess der Lernenden gesehen. Das verändert die Rolle der Lehrperson und die Bedeutung des Kontextes.

Die „Grundschulpädagogik und -didaktik" hat in diesem Sinn Lernkonzepte entwickelt (Möller 2001; Speck-Hamdan 1998), die die Schaffung von anregenden Lernumgebungen sowie das Zulassen von Umwegen ebenso beinhalten wie die Förderung von Kommunikation und die Reflexion des eigenen Lernprozesses. Diese Sicht korrespondiert eng mit den sozialkonstruktivistischen Ansätzen, die in der Elementarpädagogik favorisiert werden. Hier wird noch sehr viel stärker der soziale Aspekt des Lernens hervorgehoben.

Lernen ist eingebunden in soziale und kulturelle Kontexte sowie soziale und kulturelle Praxis

Kinder kommen in eine Welt, die ja bereits kulturell geformt ist, in der andere schon leben (Berger/Luckmann 1980, S. 140). Diese Sicht findet auch in der „Grundschulpädagogik und -didaktik" Resonanz. Unterricht ist nicht die Addition von individuellen Lernprozessen, sondern sehr viel mehr fruchtbare gegenseitige Anregung in sozialen Beziehungen und im kulturell geformten Kontext Schule. Darin haben auch entwicklungsangemessene Zumutungen, sachgerechte Anleitungen und Instruktionen ihren Platz.

Das Wissen um das Lernen von Kindern muss ergänzt werden um die Sicht auf die Lehrpersonen bzw. die pädagogischen Fachkräfte und ihre Bedeutung für das Lernen der Kinder. In der *Grundschulpädagogik* geht es um das *Zusammenspiel von Lehren und Lernen*, in der *Elementarpädagogik* eher um das *Zusammenspiel von pädagogischen Handlungen und dem Lernen der Kinder*.

Das skizzierte Lernverständnis zugrunde legend, lässt sich der Part der Erwachsenen mit den Tätigkeiten des Anregens, des Begleitens, des Anleitens und des Unterstützens umschreiben. Dies gilt sowohl für den Grundschulbereich als auch für den Elementarbereich. Konkret kann dies das Gestalten einer anregenden Umgebung, in der sich Kinder wohl und sicher fühlen, bedeuten, aber auch das zuhörende und zugewandte Nachspüren von Fragen sein, die Kinder bewegen. Dass dieser Tätigkeit der Erwachsenen in der Grundschule Zielvorgaben zugrunde liegen, verändert die grundsätzliche Haltung nicht.

Kompetenzmessung: Leistungserhebung oder Test

Von den Zielen geht jedoch eine gewisse Macht aus: Ihre Verbindlichkeit und seit einiger Zeit auch ihre Standardisierung bringen eine Nachweispflicht mit sich, nicht nur in Form abzuhakender Stoffpläne, sondern in Form von Kompetenzmessungen bei den Schülerinnen und Schülern. Diese erfolgen zum einen mittels der traditionellen Zensuren oder auch mittels verbaler Gutachten, zum anderen spielen zunehmend die überregionalen Kompetenzmessungen eine wichtige Rolle, wie etwa VERA (bundesweite Vergleichsarbeiten in Klasse 3), länderspezifische Vergleichsarbeiten oder künftig die deutschlandweiten Vergleichsarbeiten zu den Bildungsstandards in der Grundschule.

In einer gewissen Spannung steht diese Verpflichtung zum Anspruch, die Lernangebote adaptiv zu gestalten, sich an den individuell unterschiedlichen Lernvoraussetzungen und Lernmöglichkeiten der Kinder zu orientieren. Adaptive Lehr-Lernprozesse verlangen im Grunde auch adaptive Leistungserhebungen. Dieses Dilemma löst die Grundschulpädagogik momentan mit einer Unterscheidung in unterrichtliche Leistungserhebungen und standardisierte Tests. Im unterrichtlichen Kontext können Aufgaben gestellt werden, die sich direkt auf die Lehr-Lernprozesse im Unterricht beziehen; in Tests sollen Kompetenzen nach einem vergleichbaren Maßstab gemessen werden, um so auch Steuerungsbedarfe im Bildungswesen erkennen zu können. Die Anwendung beider Verfahren kann dann beide Ansprüche bedienen, vorausgesetzt, sie werden strikt voneinander getrennt, was in der Praxis nicht immer eingehalten wird.

Der Elementarbereich ist zwar frei von didaktischen Zielvorgaben, die an vergleichende Tests gebunden sind; doch er ist nicht frei von Bildungszielen. Auch hier sollen die pädagogischen Handlungen daraufhin reflektiert werden, ob sie den Bildungszielen entsprechen.

Auf den Kontext kommt es an

Mit der Frage der Heterogenität und der daraus folgenden Differenzierung in den Lernangeboten rücken die Kontexte, in denen Lernen stattfindet, in den Fokus der Aufmerksamkeit. Lernen findet immer in sozialen und kulturellen Kontexten statt. Daher ist die Analyse der Kontexte notwendiger Bestandteil bei der Beschreibung eines Ist-Standes, aber auch bei der Klärung von Gelingensbedingungen. Warum kann ein Kind die Lernangebote nicht nutzen? Welche Kontexte sind günstig, welche weniger günstig für den Lernerfolg?

Im Angebots-Nutzungs-Modell des Unterrichts (Helmke 2004) wird der Kontext in seinen unterschiedlichen Ebenen (historisch, kulturell, regional, kommunal, schulisch) als eine sehr wesentliche Bedingung angesehen, wobei der Klassenkontext eigens hervorgehoben wird. Es ist auch die Gruppe der mehr oder wenig zufällig zusammengekommenen Kinder, die entweder anregend auf das Lernen wirkt oder es beeinträchtigt.

Die Bedeutung der (kooperativen) Lernformen

In der Grundschulpädagogik wird daher insbesondere auf Lernformen Wert gelegt, die das Anregungspotenzial einer Gruppe nutzen. Dabei werden nicht die konkurrenzorientierten Formen bevorzugt, sondern kooperative, die sich eher in offenen Unterrichtssituationen verwirklichen lassen, beispielsweise die Arbeit in (überschaubaren) Projekten. So wird in kooperativen Lernsituationen gleichzeitig selbsttätig, eigenaktiv und angeleitet gelernt, also das oben genannte Spannungsfeld auf der Ebene der Gleichaltrigen-Gruppen in eine natürliche Balance gebracht. Der Elementarbereich kennt selbstverständlich auch das Anregungspotenzial von Gleichaltrigen. Allerdings wurde dabei in der Vergangenheit stärker der Einfluss auf das soziale Lernen betont, während jüngst – gerade unter sozial-konstruktivistischer Sicht – auch die Rolle der Gleichaltrigen als Lernbegleiter gesehen wird (Brandes 2010).

Die domänenspezifischen Entwicklungs- und Erwerbsprozesse

Dass sich der Schriftspracherwerb ebenso wie der Erwerb naturwissenschaftlichen oder mathematischen Grundwissens in spezifischer Weise und in einer beschreibbaren Folge vollzieht, ist eine Erkenntnis, die auch in der Grundschulpädagogik noch relativ neu ist. Die domänenspezifischen Entwicklungs- und Erwerbsprozesse lassen sich aus psychologischer Sicht mittlerweile gut beschreiben und modellieren, sind aber noch nicht hinreichend in anspruchsvolle didaktische Konzepte umgesetzt, die auch der Vielgestaltigkeit des Lernens sowie der Vielfalt der Lernwege gerecht werden.

Für den Schriftspracherwerb haben sich unterschiedlich differenzierte Modelle herausgebildet, die allesamt auf dem einfachen Entwicklungsmodell nach Uta Frith (1985) beruhen. Dieses Modell geht von drei aufeinander aufbauenden Strategien der Schriftverarbeitung aus. Sie bezeichnen die jeweils dominante Strategie auf einer Entwicklungsstufe. Dabei beeinflussen sich die Operationen Lesen und Schreiben wechselseitig.

Allen Modellen liegt dasselbe Muster zugrunde: Es wird eine immer spezifischere Art des Umgangs mit der Schrift angenommen. Von einer zur nächsten Strategie gelangt das Kind dadurch, dass die bisher angewendete Strategie zur Lösung des Problems nicht zum Erfolg führt und es durch Suchen, Ausprobieren, Fragen etc. zu einer neuen Strategie findet. Aus diesen deskriptiven Modellen lassen sich jedoch nicht direkt präskriptive Anweisungen für das didaktische Handeln ableiten. Vielmehr liefern sie zunächst ein Raster für die Beobachtung kindlicher Lernprozesse und geben dann in zweiter Linie Hinweise auf die Richtung möglicher Lernimpulse.

Für die Annäherung zwischen Elementar- und Grundschulpädagogik aber ist der Blick auf die Kontinuität der domänenspezifischen Entwicklungsprozesse über die institutionellen Kontexte hinweg bedeutsam. Hilfreich und gegenseitig bereichernd wäre es, sich auf dieselben Modelle zu beziehen, dieselbe Begrifflichkeit zur Deskription der Entwicklungsprozesse zu benutzen und sich bestenfalls auch kompatibler Instrumente zu ihrer Beobachtung zu bedienen. Das förderte nicht nur die fachliche Kommunikation der beiden Professionen untereinander, es diente auch einer verstärkten Anschlussfähigkeit der basalen Bildungsprozesse. Schließlich könnten Impulse auch von grundschulpädagogischen Erfahrungen mit einer adaptiven Lernbegleitung ausgehen.

Die Schule ist keine Paukanstalt und die Kindertageseinrichtung keine Bewahranstalt
Eine Annäherung im Bereich der didaktischen Fragestellungen sollte dann auch dazu beitragen, dass die gegenseitigen überholten Bilder der jeweils anderen Institution aufgebrochen werden. Es geht weder um eine Verschulung des Kindergartens, noch um eine „Verkindergartung" der Schule. Es geht um eine Verbesserung der Anschlussfähigkeit der kindlichen Lernprozesse und um eine Optimierung des Übergangs. Gelingt eine Annäherung auf dieser Basis, sind nur die Entwicklungs- und Lernprozesse selbst Orientierungspunkte für das pädagogische und didaktische Handeln und eine Bindung der Bildungsziele an Institutionen wird obsolet. Kindergarten und Grundschule sind gleichermaßen für ihre Erfüllung zuständig.

6 Literatur

Bartnitzky, Horst u.a. (Hrsg.) (2009): Kursbuch Grundschule. Frankfurt am Main

Berger, Peter L./Luckmann, Thomas (1980): Die gesellschaftliche Konstruktion der Wirklichkeit. Eine Theorie der Wissenssoziologie. 5. Aufl. Frankfurt am Main

Blömeke, Sigrid (2009): Lehrerausbildung. In: Blömeke, Sigrid/Bohl, Thorsten/Haag, Ludwig/Lang-Wojtasik, Gregor/Sacher, Werner (Hrsg.): Handbuch Schule. Theorie – Organisation – Entwicklung. Bad Heilbrunn, S. 483–490

Brandes, Holger (2010): Entwicklungspotenziale von Kindergruppen – Gruppenprozesse und ihre Förderung im Kindergarten. In: Hammes-di Bernardo, Eva/Speck-Hamdan, Angelika (Hrsg.): Kinder brauchen Kinder. Gleichaltrige – Gruppe – Gemeinschaft. Weimar, S. 16–24

Deutscher Bildungsrat (1970): Strukturplan für das Bildungswesen. Empfehlungen der Bildungskommission. Stuttgart

Duncker, Ludwig (2010): Gegensätze und Spannungsfelder moderner Grundschuldidaktik. In: Kasüschke, Dagmar: Didaktik in der Pädagogik der frühen Kindheit. Kronach, S. 336–359

Einsiedler, Wolfgang (2010): Die Entwicklung der Grundschulpädagogik als wissenschaftliche Disziplin in der Nachkriegszeit. www.wolfgang-einsiedler.de/pdf/einsiedler_grundschulpaedagogik_BBF_2010.pdf (24.09.2011)

Einsiedler, Wolfgang (2008): Von der programmatischen Grundschulpädagogik zur empirischen Grundschulforschung. www.wolfgang-einsiedler.de/pdf/Grundschulpaedagogik-Grundschulforschung 2008.pdf (24.09.2011)

Einsiedler, Wolfgang (2000): Bildung grundlegen und Leisten lernen in der Grundschule. In: Kahlert, Joachim/Inckemann, Elke/Speck-Hamdan, Angelika (Hrsg.): Grundschule: Sich Lernen leisten. Theorie und Praxis. Neuwied, S. 37–49

Einsiedler, Wolfgang/Götz, Margarete/Hacker, Hartmut/Kahlert, Joachim/Sandfuchs, Uwe (Hrsg.) (2011): Handbuch Grundschulpädagogik und Grundschuldidaktik. 3. Aufl. Bad Heilbrunn

Frith, Uta (1985): Beneath the surface of developmental dyslexia. In: Patterson, Keith u.a. (Hrsg.): Surface Dyslexia. Neuropsychological and Cognitive Studies of Phonological Reading. London: Lawrence Erlbaum Associates, S. 301–330

Götz, Margarete (2000): Entwicklung und Status der universitären Grundschulpädagogik. In: Zeitschrift für Pädagogik, 46. Jg., H. 4, S. 523–539

Griebel, Wilfried (2006): Übergänge fordern das gesamte System. In: Diskowski, Detlef/Hammes-Di Bernardo, Eva/Hebenstreit-Müller, Sabine/Speck-Hamdan, Angelika (Hrsg.): Übergänge gestalten. Wie Bildungsprozesse anschlussfähig werden. Weimar/Berlin, S. 32–47

Haarmann, Dieter (Hrsg.) (1991): Handbuch Grundschule. Band 1. Weinheim/Basel

Haarmann, Dieter (Hrsg.) (1993); Handbuch Grundschule. Band 2. Weinheim/ Basel

Hacker, Hartmut (1992): Vom Kindergarten zur Grundschule. Bad Heilbrunn

Hanke, Petra (2005): Öffnung des Unterrichts in der Grundschule. Lehr-Lernkulturen und orthographische Prozesse im Grundschulbereich. Münster

Helmke, Andreas (2004): Unterrichtsqualität erfassen, bewerten, verbessern. 3. Aufl. Seelze

Jugend- und Familienministerkonferenz/Kultusministerkonferenz (JFMK/KMK) (2009): Den Übergang von der Tageseinrichtung für Kinder in die Grundschule sinnvoll und wirksam gestalten – Das Zusammenwirken von Elementarbereich und Primarstufe optimieren. Beschluss der Jugend- und Familienministerkonferenz und der Kultusministerkonferenz. www.kmk.org/fileadmin/veroeffentlichungen_beschluesse/2009/2009_06_18-Uebergang-Tageseinrichtungen-Grundschule.pdf (27.09.2011)

Kasüschke, Dagmar (2010): Didaktik in der Pädagogik der frühen Kindheit. Kronach

Kößler, Henning (1997): Selbstbefangenheit – Identität – Bildung. Weinheim

Krapp, Andreas/Mandl, Heinz (1977): Einschulungsdiagnostik. Eine Einführung in Probleme und Methoden der pädagogisch-psychologischen Diagnostik. Weinheim/Basel

Lipowsky, Frank (2002): Zur Qualität offener Lernsituationen im Spiegel empirischer Forschungen – auf die Mikroebene kommt es an. In: Drews, Ursula/Wallrabenstein, Wulf (Hrsg.): Freiarbeit in der Grundschule. Offener Unterricht in Theorie, Praxis und Forschung. Frankfurt am Main, S. 126–159

Möller, Kornelia (1991): Konstruktivistische Sichtweisen für das Lernen in der Grundschule? In: Rossbach, Hans-Günther/Nölle, Karin/Czerwenka, Kurt (Hrsg.): Forschungen zu Lehr- und Lernkonzepten für die Grundschule. Opladen, S. 16–31

Oehlmann, Sylvia/Manning-Chlechowitz, Yvonne/Sitter, Miriam (Hrsg.) (2011): Frühpädagogische Übergangsforschung. Von der Kindertageseinrichtung in die Grundschule. Weinheim/München

Petillon, Hanns (1997): Zielkonflikte in der Grundschule: Literaturüberblick. In: Weinert, Franz E./Helmke, Andreas (Hrsg.): Entwicklung im Grundschulalter. Weinheim, S. 289–298

Reyer, Jürgen (2006): Geschichte frühpädagogischer Institutionen. In: Fried, Lilian/Roux, Susanna (Hrsg.): Pädagogik der frühen Kindheit. Weinheim, S. 268–280

Schäfer, Gerd (2006): Der Bildungsbegriff in der Pädagogik der frühen Kindheit. In: Fried, Lilian/Roux, Susanna (Hrsg.): Pädagogik der frühen Kindheit. Weinheim, S. 33–44

Scheibe, Wolfgang (Hrsg.) (1974): Zur Geschichte der Volksschule. Band II. 2. Aufl. Bad Heilbrunn

Schmitt, Rudolf (2001): Grundschule. Schule der Vielfalt und Gemeinsamkeit. Bundesgrundschulkongress 1999 ... und das Jahr danach. Frankfurt am Main

Schorch, Günther (2007): Studienbuch Grundschulpädagogik. 3. Aufl. Bad Heilbrunn

Schründer-Lenzen, Agi/Mücke, Stefan (2005): Mit oder ohne Fibel – was ist der Königsweg für die multilinguale Klasse? In: Bartnitzky, Horst/Speck-Hamdan, Angelika (Hrsg.): Deutsch als Zweitsprache lernen. Frankfurt am Main S. 210–222

Schründer-Lenzen, Agi/Merkens, Hans (2006): Differenzen schriftsprachlicher Kompetenzentwicklung bei Kindern mit und ohne Migrationshintergrund. In: Schründer-Lenzen, Agi (Hrsg.): Risikofaktoren kindlicher Entwicklung. Migration, Leistungsangst und Schulübergang. Wiesbaden, S. 15–44

Speck-Hamdan, Angelika (2006): Neuanfang und Anschluss: zur Doppelfunktion von Übergängen. In: Diskowski, Detlef/Hammes-Di Bernardo, Eva/Hebenstreit-Müller, Sabine/Speck-Hamdan, Angelika (Hrsg.): Übergänge gestalten. Wie Bildungsprozesse anschlussfähig werden. Weimar/Berlin, S. 20–31

Speck-Hamdan, Angelika (2004): Anschlussfähigkeit sichern – über institutionelle Grenzen hinweg – Zur Zusammenarbeit zwischen Kindertagesstätte und Grundschule. In : KiTa aktuell, Ausgabe Bayern, Nr. 10, Oktober 2004, S. 198–201

Speck-Hamdan, Angelika (1998): Individuelle Zugänge zur Schrift. Schriftspracherwerb aus konstruktivistischer Sicht. In: Huber, Ludowika/Kegel, Gerd/Speck-Hamdan, Angelika (Hrsg.) Einblicke in den Schriftspracherwerb. Braunschweig, S. 101–110

Steinwachs, Friedrich/Teuffel, Inge (1954): Schreibmotorik und Schreibmaterial bei Grundschulkindern. Grundlagen der Psychomotorik der Handschrift. Göttingen

Valtin, Renate (2000): Grundschulpädagogik als empirische Forschungsdisziplin. In: Zeitschrift für Pädagogik, 46. Jg., H. 4, S. 555–570

Weinert, Franz E./Helmke, Andreas (Hrsg.) (1997): Entwicklung im Grundschulalter. Weinheim

Zur Autorin

Prof. Dr. Angelika Speck-Hamdan
ist Professorin an der Fakultät für Psychologie und Pädagogik, Lehrstuhl für Grundschulpädagogik und -didaktik, der Ludwig-Maximilians-Universität München. Sie verfügt über beide Lehramtsexamina sowie einen Magisterabschluss in Pädagogik, Psychologie, Phonetik und sprachlicher Kommunikation. Sie promovierte in den Fächern Pädagogik, Psychologie und Grundschuldidaktik und habilitierte sich mit einer Arbeit über interkulturelle Erziehung.